Jorge Luis Borges